AF554772

DÉFENSE NATIONALE

DE LA PATRIE

CONFÉRENCE

DONNÉE EN NOVEMBRE 1870 ET FÉVRIER 1871

AU PROFIT

DES BLESSÉS

Des Ambulances du Lot

PAR M. LÉON VALÉRY,

Maître ès-Jeux floraux, Contrôleur principal des Contributions directes, candidat à l'Assemblée nationale dans le département du Lot.

CAHORS :
IMPRIMERIE J.-B. PIGNÈRES, RUE DU CHATEAU NATIONAL

1871

AVANT-PROPOS

A mes Compatriotes du département du Lot.

Dans les premiers jours de novembre dernier, je demandai au Gouvernement provisoire l'autorisation de donner dans le Lot des conférences sur la défense nationale, au profit des blessés des ambulances de ce département.

La délégation de Tours me répondit que nul ne pouvait m'interdire ce que me permettait le droit de réunion ; et, dès le 21 du même mois, j'inaugurais mes conférences à la mairie et au palais de justice de Figeac.

Quelques jours après, le théâtre de Cahors, mis courtoisement à ma disposition par M. le Président de la commission municipale, me permettait de réunir autour de moi la population amie de cette ville.

Montcuq, Gramat, Martel, Saint-Ceré, Souillac, Gourdon, etc., m'ont tour à tour accueilli avec une sympathie qui m'a touché; et partout, je le dis avec fierté, j'ai pu constater le patriotisme le plus ardent.

Des obligations inattendues sont venues m'arrêter dans le cours de mes conférences, au moment où j'allais me rendre dans les autres chefs-lieux de canton. Voilà pourquoi j'ai voulu suppléer, par cette publication, à l'impossibilité de me mettre, en ce moment, en communication avec les grands centres de population.

LÉON VALÉRY,

Candidat à la Constituante, dans le Lot.

DE LA PATRIE

CONFÉRENCE

Sténographiée à la Mairie de Figeac, le 20 Novembre 2870 et modifiée suivant les événements et les circonstances locales.

AU PROFIT DES BLESSÉS DES AMBULANCES DU LOT,

DONNÉE EN NOVEMBRE 1870 ET FÉVRIER 1871

Sur le Théâtre de Cahors, à la Mairie et au Palais de Justice de Figeac, dans la salle de la Justice de paix de Gramat, aux mairies de Montcuq, St-Ceré, Souillac, Martel, Gourdon, etc.

PAR **M. Léon VALÉRY**, DE LALBENQUE

Maître ès-Jeux floraux, Contrôleur principal des Contributions directes, candidat à l'Assemblée nationale dans le département du Lot.

Messieurs,

Il ne faut rien moins que les épreuves douloureuses que traverse la France, pour justifier, de ma part, une initiative qui ne s'expliquerait ni par les habitudes locales, ni par l'autorité de mon talent. Si, dans les plus grands centres de population, une conférence, organisée par les maîtres de la parole, n'a rien qui étonne, n'avais-je point à craindre que ma tentative ne fût considérée ici comme une exhibition théâtrale, plus faite pour provoquer vos sourires que pour surexciter votre patriotisme ?

N'avais-je point à craindre, surtout, de paraître rechercher parmi vous une popularité à laquelle j'aurais à faire un jour appel, dans l'intérêt de ma candidature à la Constituante, que j'ai récemment posée dans le département ? quoiqu'il en soit, cette interprétation de ma présence parmi vous serait injuste.... Et n'est-ce point assez de nos désastres, pour expliquer toutes les témérités qui peuvent intéresser, à quelque titre, le salut de la Patrie? Le temps est venu où nul n'a le droit de calculer ses dévouements ni de mesurer ses sacrifices.

C'est peu, sans doute, que la parole, quand tant d'autres versent leur sang pour leur pays. Mais, père de famille et soutien d'une mère octogénaire, je n'avais pas le droit de mourir. L'ennemi, d'ailleurs, aurait eu trop facilement raison de mes forces et mon âge n'eût guère fait de moi qu'un contraste frappant avec les allures des braves soldats du Lot. Mais tout ce que j'ai de jeune et de vigoureux, j'ai voulu du moins le prodiguer, Messieurs; et ce que je vous apporte, c'est un cœur vraiment français; c'est une âme passionnée jusqu'au délire pour la cause nationale, qui vient se retremper au milieu de vous aux sources pures du patriotisme, dans cette simple causerie, qui aura du moins le mérite de l'opportunité, puisqu'il s'agit *des Devoirs civiques.*

Messieurs,

Dans toute religion, comme dans toute philosophie, il est une morale qui nous indique trois sortes de devoirs : des devoirs envers Dieu, des devoirs envers nous-mêmes et des devoirs envers nos semblables.

Ces derniers, eux-mêmes, me semblent devoir être l'objet d'une subdivision essentielle, qui ressort de leur nature et de leur principe, à savoir : devoirs envers notre semblable, abstraction faite de tous rapports sociaux entre lui et nous et considéré comme simple individu dans l'humanité, et devoirs envers nos semblables unis, avec nous, par un pacte politique, qui nous fait les enfants d'un même peuple. Les uns et les autres de ces devoirs ne procèdent pas de la même origine ; et tandis que les premiers ne prennent leur source que dans les indications de la loi naturelle, les seconds ne reposent, au contraire, que sur les principes de la solidarité.

Je m'explique.

Vis-à-vis du malheureux qui fait appel à ma pitié, dans un danger pressant, je ne suis lié que par les simples devoirs de la bienfaisance. Au contraire, vis-à-vis de mes semblables constitués avec moi en société, c'est la voix de la justice rigoureuse qui parle ; et c'est surtout en raison de ce que nous recevons d'elle, que la Patrie a droit à notre dévouement. Examinons donc ce qu'elle fait pour nous : ses bienfaits seront la mesure de nos devoirs à son égard.

Mais, avant tout, qu'est-ce que la Patrie ?.....
Ici, Messieurs, permettez-moi de me citer moi-même et de vous lire ce que je publiais, il y a un an, dans l'un des organes de la presse périodique :

— « Le mot Patrie, écrivais-je alors, parle également à notre esprit et à notre cœur ; il y éveille des idées et des sentiments, suivant qu'il nous représente simplement le pays qui nous a vus naître ou, en même temps que le sol natal, le corps social dont nous sommes membres.

» Souvenirs d'enfance, croyances naïves et joies du jeune âge, affections ou regrets de famille, voilà ce que dit la Patrie au cœur de l'exilé qui, seul, peut comprendre la douceur de ce mot :

« O Patrie, ô doux nom, que l'exil fait comprendre ! »

Ici, l'amour du pays ne tient, chez nous, qu'à un instinct, le plus noble et le plus beau de tous, a dit Chateaubriand. Mais toute la Patrie n'est pas là ; et si l'amour que nous professons pour elle n'est, le plus souvent, que le produit de la spontanéité, c'est moins pour nous avoir donné le jour que parce qu'elle protège nos intérêts et notre liberté, qu'elle doit nous être chère.

» Ce n'est même qu'à la condition de nous assurer tous ces avantages, que la Patrie est la Patrie. Les Polonais, par exemple, ne sauraient appeler la Pologne de ce nom, parce qu'ils n'y sont pas des citoyens indépendants, liés par un pacte social qui règle leurs rapports et leurs intérêts ; c'est pour eux la terre natale et pas davantage. »

Comme on le voit, ce qui constitue un peuple, ce n'est ni le langage, ni le costume, pas plus que la religion et les divers caractères qui distinguent les races. Ce sont là, assurément, autant d'éléments qui tendent à rapprocher les hommes et sans lesquels il serait difficile de les réunir en société ; mais ce qui en fait une nation distincte, ce sont les lois qui les rendent solidaires les uns des autres, en déterminant leurs devoirs et sauvegardant leurs droits.

Un mot, Messieurs, sur le caractère de ces lois.

Il est de principe qu'il n'y a de contrat valable que par

le libre consentement des partis, d'où je conclus qu'il ne saurait y avoir rien de légitime dans les lois fondamentales d'un Etat, que si elles émanent de la souveraineté populaire. En dehors de cette doctrine il n'y a que despotime ou qu'anarchie. Telle est la pensée de Montesquieu, quand il dit que sous le régime de l'arbitraire, le tyran entraîne tout par la puissance de sa volonté et se substitue seul à l'empire des Lois. Or, là où il n'y a point de Lois, il ne saurait y avoir de Pouvoir régulier pas plus qu'il ne saurait y avoir de Patrie. Tels sont, Messieurs, les principes d'éternelle et de rigoureuse justice inaugurés par la Révolution française qui, d'après M. Mignet, a ouvert l'ère des sociétés nouvelles, comme la révolution d'Angleterre avait ouvert l'ère des gouvernements.

Il y a loin de cette théorie, qui règle la nature et l'origine du pouvoir, à la négation du principe d'autorité, et je m'empresse d'ajouter, pour vous rassurer, que s'il *n'y a point de Patrie dans un Etat despotique*, suivant l'expression de Labruyère, il ne saurait y avoir de Liberté sans gouvernement, c'est-à-dire en dehors de la société.

Tel est le premier bienfait dont nous sommes redevables à la Patrie.

Ceux qui, par une exagération de l'amour de l'indépendance, se déclarent hostiles à tout gouvernement, se doutent-ils qu'ils ne font que proclamer la tyrannie? Quand l'auteur des *Confessions d'un Révolutionnaire*, ne voyant dans tout Pouvoir qu'un empiétement sur la liberté individuelle, s'écrie : *Quiconque met la main sur moi pour me gouverner, est un tyran que j'exècre ;* Proudhon se doute-t-il bien qu'en abandonnant l'homme à sa seule initiative, il ne fait que le livrer à l'oppression de la force brutale ?

Et comment comprendre la liberté en dehors de l'Etat social ? Partout où deux hommes se trouveront face à face, sans la garantie d'obligations réciproques qui protègent la faiblesse de l'un contre la supériorité physique ou intellectuelle de l'autre, il y aura nécessairement un maître et un esclave. Les inégalités, qui sont dans la nature, ne peuvent disparaître que devant les Lois, et c'est bien avec raison que M. Lerminier a appelé les citoyens *des hommes libres, obéissant à un pouvoir souverain.* Cette définition qui semble impliquer contradiction, est pourtant conforme à la logique et donne l'idée exacte du pouvoir qui se forme, de bas en haut, par la Délégation nationale, pour s'exercer ensuite, de haut en bas, sur le peuple dont il émane.

Mais si l'Etat, dont je ferai ici le synonime de Patrie, sauvegarde notre libre arbitre et assure notre indépendance, que lui devons-nous en retour? ai-je besoin de vous le dire, Messieurs? Lorsque la plus belle partie de notre territoire est au pouvoir des envahisseurs, assisterions-nous impassibles au démembrement de la France? Une telle attitude ne ferait-elle pas de nous des renégats et des traîtres envers nos frères asservis? Aux armes donc, quiconque a le droit de mourir, et que la vie ne soit qu'une honte et qu'un éternel remords pour quiconque peut la sacrifier utilement pour son pays! (*Applaudissements*).

En dehors des circonstances exceptionnelles que nous traversons et qui de la simple vertu civique doivent élever nos âmes au sublime de l'abnégation et de l'héroïsme, il est d'autres devoirs, qui sont de tous les temps et de tout le monde, sur lesquels je voudrais me taire et que je n'aborde qu'avec hésitation.

J'étais sûr de votre enthousiasme, en vouant à votre exécration l'ennemi qui souille notre sol; mais recueillerai-je parmi vous les mêmes marques d'unanime assentiment, en vous parlant des tyrans domestiques qui voudraient attenter encore à la liberté de la Patrie? Ah! je vous offense, Messieurs, en vous prêtant moins d'horreur pour les traîtres de l'intérieur que de haine pour l'étranger. Lequel de vous oserait se faire leur complice? serait-il donc moins odieux de prêter la main à l'oppression organisée par les partis, que de la tendre aux ennemis du dehors, et de quel côté, je vous le demande, l'esclavage serait-il plus ignominieux?

Mais ici se posent de redoutables questions, dont je laisserai la solution à vos consciences. Qu'elle est, en présence de la tyrannie, la limite de nos devoirs? l'homme meurt-il dans le despote; et si la résistance à toute tentative liberticide est une obligation pour les citoyens en corps, le premier venu a-t-il le droit de se faire juge de l'infamie de l'usurpateur et de disposer de sa vie? Je n'oserais le dire. L'opinion de l'histoire n'est point unanime, pour glorifier le meurtrier de César dont la mort inutile ne fit que préparer les règnes de Tibère et de Calligula, comme le fait observer l'auteur de *l'Esprit des Lois*. La sombre figure de Marat a suffi à peine pour amnistier Charlotte Corday que, par une sublime antithèse, un écrivain de notre temps a surnommée *l'ange de l'assassinat*.

Pardon, en passant, Messieurs, de recourir si souvent aux citations : ne voyez en cela qu'une preuve de la méfiance de moi-même. En des matières si délicates, je sens la nécessité de m'appuyer sur le jugement des esprits compétents. Mais je n'ai besoin de l'autorité de personne, et celle de ma conscience me suffit, pour déclarer hautement que toute violation des lois, tout empiétement sur la souveraineté nationale est un crime contre la Patrie, dont il nous appartient de connaître. Si Brutus n'a pas que des admirateurs, on est aujourd'hui généralement d'accord sur le compte du député Baudin ; et je voudrais, avec Solon, que, dans tous les soulèvements populaires qui mettent en question les lois constitutives de l'Etat, nul ne restât étranger à ces mouvements de l'opinion, pour les étouffer, s'ils ne sont que les tentatives criminelles de l'émeute, ou pour les élever à la hauteur d'une révolution féconde, s'ils sont l'expression du sentiment public.

Mais j'oublie, Messieurs, que c'est surtout au point de vue de la défense nationale que j'ai voulu vous entretenir des devoirs civiques, et j'arrive à une autre ordre d'idées, en vous parlant de ce que nous devons à la Patrie, en échange de la protection dont elle couvre les plus précieux de nos trésors, après la liberté : *la propriété et la famille*.

Malgré ma répugnance à entrer dans toute considération abstraite qui changerait le caractère patriotique de cette réunion, permettez-moi de vous dire un mot de la nature et du principe de la propriété.

Qu'est-ce que la propriété ?

M. Troplong l'a appelée le *droit naturel appliqué aux rapports de l'homme avec la matière*. Mais écartons cette définition savante et disons tout simplement que la propriété est le droit par lequel une chose nous appartient en propre.

Ce droit a ce caractère distinctif que l'homme ne le tient pas des lois,mais de lui-même, par le travail qui en a été l'origine. *C'est le droit de la personne elle-même*, a écrit M. Cousin ; de telle sorte que la propriété n'est pas une institution, comme on pourrait le croire, puisque c'est elle, au contraire, qui a précédé les lois et leur a donné naissance. Ce n'est qu'après avoir fécondé le sol de sa sueur et l'avoir fait sien par le travail, que l'homme a songé à se concerter avec ses semblables, pour protéger, par des conventions réciproques, le fruit de son labeur contre la rapine et l'usurpation. Ce jour-là, la société fut fondée.

C'est donc une calomnie et un paradoxe que de prétendre, avec un philosophe des temps modernes, que *le premier qui dit : ceci est à moi, fut le premier voleur*. C'est aussi calomnier l'humanité que de dire, avec Larochefoucault, que les hommes ne vivraient pas longtemps en société, s'ils n'étaient dupes les uns des autres. Ce qui les a rapprochés et ce qui les tient réunis, c'est leur besoin de mutuelle protection, et la société serait dissoute le jour où, attaquée dans son principe, la propriété cesserait d'être le lien qui les rassemble. Telle est l'opinion de M. de Ségur qui a appelé si justement la propriété : *l'élément générateur et conservateur de la Société.*

Où sont-ils donc ceux qui veulent la détruire ? Savent-ils bien que ce serait non-seulement tarir les sources de la richesse, aller contre les lois de la nature, en arrêtant l'essor de sa fécondité, mais anéantir l'édifice social et ramener l'homme à l'état de sauvage ?

Ah ! ce n'est pas vous, Messieurs, qui les partagerez, les funestes doctrines qui tendent à mettre la propriété en question ou à la discréditer. Ce n'est pas vous, car vous êtes les fils de ces républicains de 92 qui, sur les portes de notre vieille capitale du Quercy, avaient tracé cette inscription que je vous apprends peut-être et que je voudrais y voir encore, malgré sa prétention quelque peu burlesque à la rime et à la cadence :

« Citoyens, respectez la propriété d'autrui,
« Produit de son travail et de son industrie ! »

Ce que je viens de dire de la propriété s'applique également à la famille, qui est le germe de l'Etat, le type d'après lequel s'est formée la société, la base sur laquelle elle repose, mais dont la société, à son tour, règle les conditions, et sauvegarde l'existence. Comme la propriété, c'est à cette salutaire protection qu'elle doit sa sécurité, et l'une et l'autre, abandonnées à elles-mêmes, ne resteraient guère que de nom.

Tournez les yeux du côté de nos départements envahis, Messieurs! ils vous diront ce que vaut le sol le plus fécond, ce que devient le commerce le plus prospère, sans la garantie des lois, et quel est le sort de la famille, livrée à la brutalité du plus fort. Ils vous diront aussi ce qu'ils attendent de vous et ce que vous devez au pays, au nom de la solidarité.

Comme vous, et plus que vous peut-être, je connais les exigences et les difficultés matérielles de la vie. Je sais ce qu'elle vous coûte de privations et de peine, cette honnête aisance, si lentement acquise, dont vous êtes fiers. Je sais surtout, en consultant mon cœur de père, tout ce qu'il y a dans le vôtre de tortures et de déchirements, à l'appel que la France fait à vos enfants. Mais le moment des suprêmes sacrifices est venu, et l'heure est passée de compter avec la Patrie. Ce n'est plus le tribut annuel des jours de calme à lui payer; c'est l'or à jeter à pleines mains, le sang à verser à grands flots, si la France le réclame et peut se sauver à ce prix!

Certes, je suis de ceux qui ont accueilli avec répulsion la guerre qui nous désole, non-seulement par crainte de ses résultats pour nous, mais encore par l'horreur que m'inspirent ces égorgements internationaux organisés par l'ambition des conquérants et les intérêts de dynastie. Ce fut aussi mon idéal, à moi, que cette paix universelle qui, brisant les barrières qui séparent les peuples, ne ferait de l'humanité qu'une grande famille.

Le monde entier échangeant, avec les produits du sol et de l'industrie, les découvertes de la science et les merveilles de l'art; les nations amies se donnant la main et la terre entière, reliée par des communications ouvertes à tous, enveloppée dans un immense réseau électrique, palpitant à la même heure, au même instant, sous l'empire d'une pensée commune, pour n'avoir qu'une seule vie, telle était ma foi, ou mon utopie, si vous l'aimez mieux. Mais quand l'ennemi est à nos portes; quand nos armées, écrasées sous le nombre, sont annéanties, nos places fortes au pouvoir des envahisseurs, Paris assiégé et la France entière menacée de la dévastation et du pillage, oh! je sens alors que les nationalités ne sont pas le produit de chimériques conventions et que la Patrie n'est pas un vain mot.

Et je me dis qu'en attendant qu'elle s'accomplisse, cette unification humanitaire, qui fut mon rêve, il est un coin de terre auquel nous appartenons sans réserve, parce que nous lui devons tout. Et je sens renaître en moi tous les engouements de la la terre natale.... Ah! gardons-les, Messieurs, ces snblimes préjugés de nationalité, trop ridiculisés par le septicisme de notre époque et soyons Français! Si l'amour de la Patrie n'est qu'un instinct qui nous est commun avec l'oiseau que chaque printemps ramène au nid qui l'a bercé, qu'importe, puisque cet instinct est le plus beau, le plus noble, et le plus moral? Il est aussi le plus vivace, aurait pu ajouter l'auteur du *génie du Christianisme*, que j'ai déjà cité, et je puis le dire, moi, qui depuis vingt ans, ballotté loin des miens par les exigences de ma position, retrouve toujours, à mon retour parmi vous, les mêmes émotions et les mêmes ivresses.

A chaque étappe de cette vie incertaine, j'ai laissé bien des choses qui m'étaient chères : ici un lambeau de mon patrimoine, là un débris de ma famille, partout une partie de ma jeunesse et de mes illusions. Mais ce que l'absence ni le désenchantement n'ont pu me ravir, c'est le culte du foyer et du sol natal. Oh! celui-là, je l'ai gardé intact, et je l'ai senti, voilà quelques jours à peine, quand, débouchant, par la voie ferrée, des gorges de l'Aveyron, pour entrer dans la fertile vallée du Lot, j'ai vu onduler devant moi les premiers côteaux de notre Quercy.

Et savez-vous ce que je pensais, devant la précoce végétation des blés en herbe, qui verdoyaient autour de moi?. — « Eh quoi! m'écriais-je, se pourrait-il que l'étranger vint cueillir la moisson où nos frères des campagnes ont jeté la semence? » Alors, pour me rassurer, je levais les yeux vers le sommet escarpé où l'histoire a placé Uxellodunum ; et, pensant avec orgueil à l'héroïque résistance de nos pères, je me disais que, dignes fils des Leucthères, vous défendriez pied à pied le sol de la Patrie, mais que, plus heureux qu'eux, vous repousserez l'envahisseur et que la France ne périra pas! (*Applaudissements*).

Merci, Messieurs, de vos applaudissements! moins pour ce qu'ils ont de flatteur pour moi, que parce que j'y vois la garantie de votre patriotisme et une protestation contre les aposthasies qui ont marqué la triste phase que nous traversons. Non, ce n'est pas vous qui, à l'approche de l'ennemi, au lieu de voler aux armes, n'auriez songé qu'à préparer le tribut destiné à assouvir sa cupidité et à conjurer sa colère. Ah! certes, je comprends qu'on soit battu, pillé, rançonné : la guerre a des exigences et la fortune des cruautés qui expliquent tous les malheurs. Mais ce que rien ne peut excuser, c'est qu'on organise ainsi la lâcheté et qu'on prémédite sa honte! (*Applaudissements*).

Mais est-ce à nous de proclamer notre déshonneur? Jettons un voile sur ces défections ; ou plutôt, pour en diminuer l'odieux, cherchons-en l'explication ailleurs que dans notre caractère national. Ce ne sera pas sortir de mon sujet, que de remonter aux causes de cet affaissement moral que révèlent ces défaillances, car c'est aussi un devoir envers la patrie que de travailler à sa régénération.

Le même moraliste qui a dit : *il n'y a point de patrie dans un Etat despotique*, Labruyère dit aussi que sous le régime de l'absolutisme, les citoyens (si toutefois les hommes y méritent ce nom) se désintéressent des affaires publiques, pour en laisser la responsabilité au tyran. C'est donc une conséquence nécessaire du gouvernement personnel qui, seul, prétend veiller au maintien de l'ordre et répondre de la prospérité et de la défense du pays, que de dégager les gouvernés de tout devoir envers l'Etat et d'endormir le patriotisme.

Eh bien, Messieurs, demandons-nous si, dans les conditions faites à la France dans les dix-huit dernières années, il n'y avait rien qui ressemblât au despotisme. Qu'y avait-il, plutôt, qui rappelât les institutions des peuples libres? Loin de moi de vouloir blesser aucune susceptibilité ni insulter à aucun dévouement! mais qui oserait soutenir que nous fussions en jouissance de la plénitude de nos libertés politiques? Où était-il, ce contrôle sérieux, qui rend le Gouvernement justiciable de l'Opinion, pour prévenir ses erreurs et ses écarts?.. La presse tour à tour muselée ou, par un calcul odieux, poussée par le Pouvoir à des excès faits pour appeler sur elle la répression ou le discrédit; le droit de réunion, détourné de ses effets moralisateurs, déshonoré par les dévergondages de la parole et justement devenu, grâce à des énergumènes stipendiés, l'épouvantail des hommes d'ordre; la tribune muette ou envahie par les orateurs complaisants du système, issus d'un suffrage universel converti en amère dérision; la magistrature violentée dans sa conscience, que dis-je? la chaire chrétienne elle-même en suspicion, la charité et la bienfaisance réglementées, sont-ce là les procédés par lesquels on associe sérieusement une grande nation aux actes de la vie politique?

D'autre part, à côté de l'action compressive du Gouvernement, se substituant partout à la libre expansion du sentiment public, qu'avons-nous vu? La licence dans les mœurs encouragée et organisée d'en haut, pour endormir toutes les révoltes de la conscience; des fortunes outrageantes, nées d'un odieux chantage, ayant le pouvoir pour complice; des scandales de Bourse; la prostitution en plein soleil; une presse indigne, spéculant sur l'assassinat et le mensonge; des productions obscènes, remplaçant les fortes conceptions de l'esprit, dans les livres et sur la scène, livrée aux histrions; le doute au fond de tous les cœurs; le ricanement sur toutes les lèvres; la spéculation à la place de l'art; un abject réalisme à la place de l'idéal; Thérésa à la place de Rachel...; n'est-ce pas là le tableau adouci des tendances développées par le régime déchu?

Et vous vous étonnez que, sous l'influence de ces causes dissolvantes de tout sens moral, les caractères s'abaissent, les courages s'amollissent, le patriotisme s'éteigne et qu'à l'heure du danger, la France, au sortir de ce sommeil de dix-huit ans, ne se soit retrouvée qu'un cadavre?

Une sécurité aveugle régnait pourtant à la surface de l'abîme qui se creusait sourdement. Les débordements du luxe, les plaisirs fastueux, les prodigalités de toute sorte nous faisaient une prospérité factice, qui imposait silence aux récriminations et aux méfiances. Vous savez comment il s'est écroulé, cet édifice bâti dans le sang, qu'on allait replâtrant d'un côté, pendant qu'il se lézardait de l'autre! Vous savez aussi comment, à l'heure où l'édifice brûle encore, l'auteur de nos maux guette le moment propice, pour en ressaisir les débris et raviver l'incendie que nous travaillons à éteindre. (*Une voix* : C'est impossible !)

Ce n'est pas moi qui le crois possible, et les intrigues dont on nous parle n'aboutiraient qu'à une odieuse reproduction des ridicules échauffourées de Strasbourg et de Boulogne! Ce n'est pas moi qui le crois possible, car je suis de ceux à qui le faux éclat de ce régime n'a jamais fait illusion ; et, dans un écrit publié en 1869, pour quelques amis et reproduit par l'un de vos journaux, je signalais le précipice et prévoyais la catastrophe. Mais je n'ai pas le privilège d'avoir coopéré à avancer l'heure de ce grand écroulement, qui devait faire tant de ruines. Plus attaché aux principes qu'homme de parti, j'avais compté sur la Providence (et j'y crois), pour balayer ce trône élevé sur le parjure.

Et voilà pourquoi je n'ai pas à me prévaloir d'avoir fomenté les haines, ourdi les conspirations, payé mon tribut à la persécution et à l'exil. Au lieu de fuir le spectacle de nos hontes, je les ai dévorées et j'ai bu le calice jusqu'à la lie, au lieu de le repousser. Comme vous, j'ai su attendre et je n'en éprouve ni remords ni humiliation. Passionné pour tous les progrès, je crois surtout à l'action du temps et de l'expérience pour les réaliser. Mais je me méfie de la violence et je crains les révolutions, que je compare à la main imprudente qui, pour hâter l'heure désirée, accélérerait les mouvements du pendule, sans autre bénéfice que d'en troubler les oscillations et de le réduire à l'immobilité. Je ne dirai pas, avec Fontenelle, qu'eussé-je la main pleine de vérités, je ne l'ouvrirais pas ; mais je voudrais l'ouvrir si discrètement, qu'elles séduisissent tout le monde et n'effrayassent personne.

Si j'entre avec vous dans ces confidences, ce n'est que pour donner à ma parole la seule autorité qu'elle peut avoir, celle de la modération, et pour vous disposer à m'écouter sans méfiance, quand je vous dirai que tout retour au pouvoir personnel serait notre honte et la consommation de notre ruine.

Un gouvernement, qui ne repose encore sur aucune sanction légale, s'est chargé de réparer nos désastres. Ah ! certes, la mission est lourde, et ne l'accomplit-il qu'à demi, ce qui resterait à faire témoignerait moins de son impuissance que des difficultés de l'œuvre. Aidons-le dans la double tache qu'il s'est donnée d'arracher la France à l'Etranger et d'asseoir nos institutions. Mais n'oublions pas que tout gouvernement vit de son principe et que si l'ignorance, les prodigualités et la corruption sont les seules conditions de durée pour les despotismes, la République ne peut reposer que sur l'ordre et l'économie, l'austérité des mœurs, la sécurité pour les personnes, le respect des croyances et la liberté pour tous. J'ai parlé des mœurs; permettez-moi de compléter ma pensée à cet égard.

J'aurais intérêt, puisque j'ai quelque prétention au sérieux de la pensée, à vous faire oublier que je me suis exercé autrefois dans un genre de littérature qui ne vise guère à la gravité du fonds. Mais je ne saurais que répéter ce que je disais, il y a huit ans, à propos de la nécessité des mœurs, dans un de mes poëmes, intitulé *César*, et dont l'aveu n'a rien qui me coûte.

Dans cette œuvre, inspirée par un accès de découragement et de colère, rapprochant l'homme du 2 décembre du dictateur romain, je justifiais presque leur usurpation par la bassesse des deux époques correspondantes, et je m'écriais :

— « Ah! tant que proscrivant le vice délétère,
» Rome eût de la vertu gardé le culte austère.
» Quel bras aurait fléchi sa sauvage âpreté?
» Rome, dégénérée et maîtresse du monde,
» Ne pouvait, reposer dans une paix féconde,
» A l'ombre de la liberté!
» La liberté! quel gage en reste-t-il encore
» Lorsque par ses excès l'Etat la déshonore?.....
» Où le culte des dieux lui-même fait défaut,
» Où le respect des lois a perdu tout empire,
» Où les grands sont pervers, où le peuple conspire,
» Est-ce la liberté qu'il faut? »

Non, Messieurs, et le despotisme sera toujours le châtiment des peuples corrompus. Voilà pourquoi César fut élevé au rang des dieux par le peuple lui-même ; et c'est alors, dit Montesquieu, qu'on vit ce qui était sans précédent dans l'histoire : un peuple délivré de la tyranie et impuissant à ressaisir sa liberté.

L'ère que nous venons de traverser n'avait-elle aucun rapport avec celle des empereurs Romains, et avais-je tort, en comparant le régime déchu aux plus mauvais jours de la décadence, de m'écrier avec une audace de langage qui pouvait n'être pas sans péril pour un écrivain fonctionnaire :

« Alors, *comme aujourd'hui*, c'était l'indépendance,
» Fléchissant dans les cœurs, sous la vénalité;
» Alors, comme aujourd'hui, les festins et la danse
» Remplaçaient au foyer le travail respecté;
» Alors c'était Néron, c'etait la décadence
» Et la fin de la liberté! »

Mes emportements à l'adresse de notre société étaient sans doute injustes, et j'eus tort de douter de mon pays. La France, qui saura vaincre, saura aussi rester libre. Mais, si maîtres de nos destinées, nous n'avions reconquis nos droits usurpés et notre sol envahi, que pour continuer l'œuvre de dissolution à laquelle nous avons assisté pendant dix-huit ans, la République ne serait pour nous qu'un de ces éclairs rapides qui brillentun instant sur les nations décrépites, pour les replonger bientôt dans leurs angoisses et leurs incertitudes.

www.ingramcontent.com/pod-product-compliance
Lightning Source LLC
LaVergne TN
LVHW020506230826
846091LV00008BA/3368

9782012474581